AF220411

Impressum
Verlag: BABADADA GmbH, Nedderfeld 112 , 22529 Hamburg
Geschäftsführer / Verlagsleitung: Harald Hof
Druck: Books on Demand GmbH, In de Tarpen 42, 22848 Norderstedt

Imprint
Publisher: BABADADA GmbH, Nedderfeld 112 , 22529 Hamburg, Germany
Managing Director / Publishing direction: Harald Hof
Print: Books on Demand GmbH, In de Tarpen 42, 22848 Norderstedt

colegio
школа

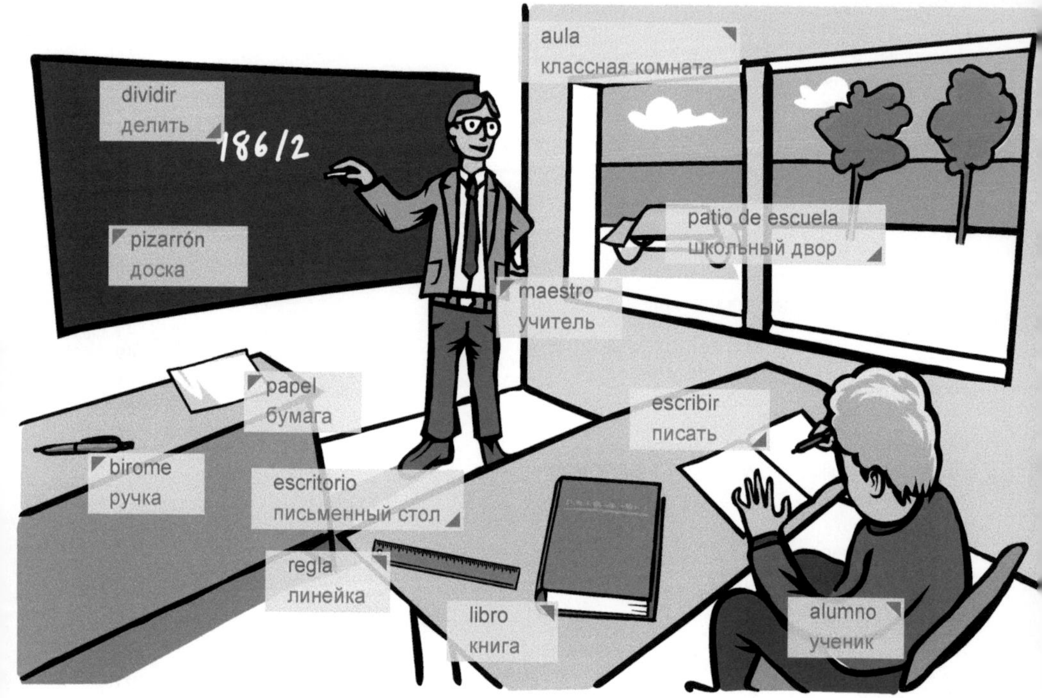

aula
классная комната
dividir
делить
186/2
patio de escuela
школьный двор
pizarrón
доска
maestro
учитель
papel
бумага
escribir
писать
birome
ручка
escritorio
письменный стол
regla
линейка
libro
книга
alumno
ученик

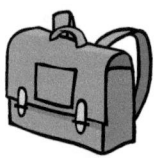

mochila

ранец

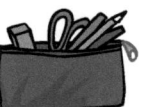

caja de lápices

пенал

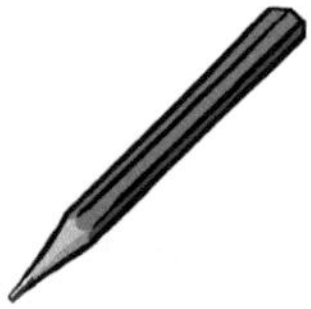

lápiz

карандаш

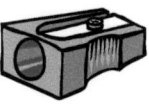

sacapuntas

точилка

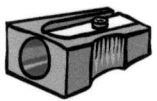

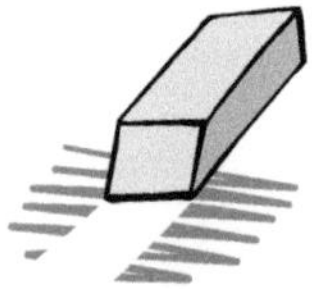

goma (de borrar)

ластик

bloc de dibujo

альбом для рисования

dibujo

рисунок

pincel

кисточка

caja de pinturas

коробка красок

tijera

ножницы

pegamento

клей

cuaderno de ejercicios

тетрадь

tarea

домашняя работа

número

цифра

sumar

прибавлять

restar

вычитать

multiplicar

умножать

calcular

считать

letra

буква

abecedario

алфавит

palabra

слово

texto

текст

leer

читать

tiza

мел

lección

урок

cuaderno de clase

классный журнал

examen

экзамен

certificado

диплом

uniforme escolar

школьная форма

educación

образование

enciclopedia

энциклопедия

universidad

университет

microscopio

микроскоп

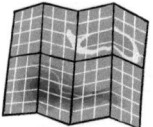

mapa

карта

tacho (de basura)

корзина для бумаг

viaje

путешествие

hotel
гостиница
Grand
hostel
турбаза
ROOMS
CHANGE
casa de cambio
пункт обмена валюты
valija
чемодан
auto
автомобиль

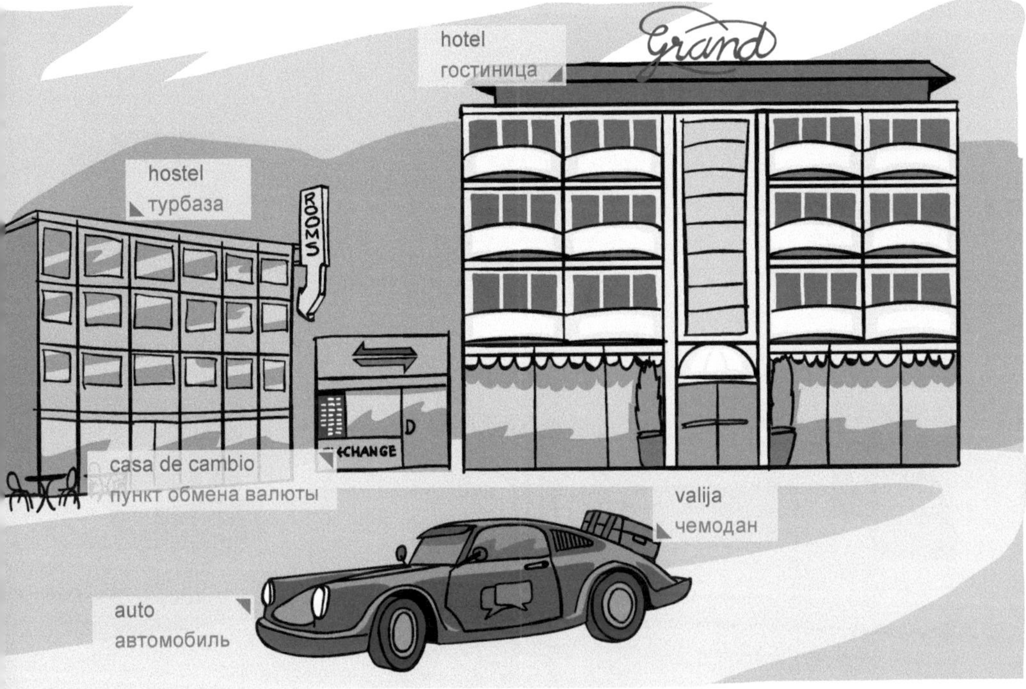

idioma

язык

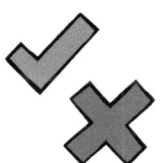

sí / no

да / нет

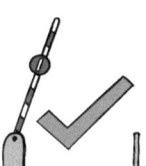

Está bien

хорошо

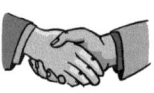

hola

Привет

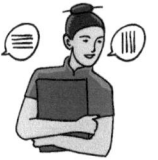

traductor

переводчик

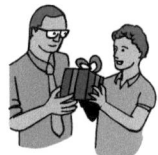

Gracias

Спасибо

¿cuánto cuesta...?

Сколько стоит...?

No entiendo

Я не понимаю

problema

проблема

¡Buenas tardes!

Добрый вечер!

¡Buenos días!

Доброе утро!

¡Buenas noches!

Доброй ночи!

adiós

До свидания

dirección

направление

equipaje

багаж

bolso

сумка

mochila

рюкзак

invitado

гость

habitación

комната

bolsa de dormir

спальный мешок

carpa

палатка

información turística

туристическая
информация

playa

пляж

tarjeta de crédito

кредитная карточка

desayuno

завтрак

almuerzo

обед

cena

ужин

pasaje

билет

ascensor

лифт

sello

почтовая марка

frontera

граница

aduana

таможня

embajada

посольство

visa

виза

pasaporte

паспорт

transporte
транспорт

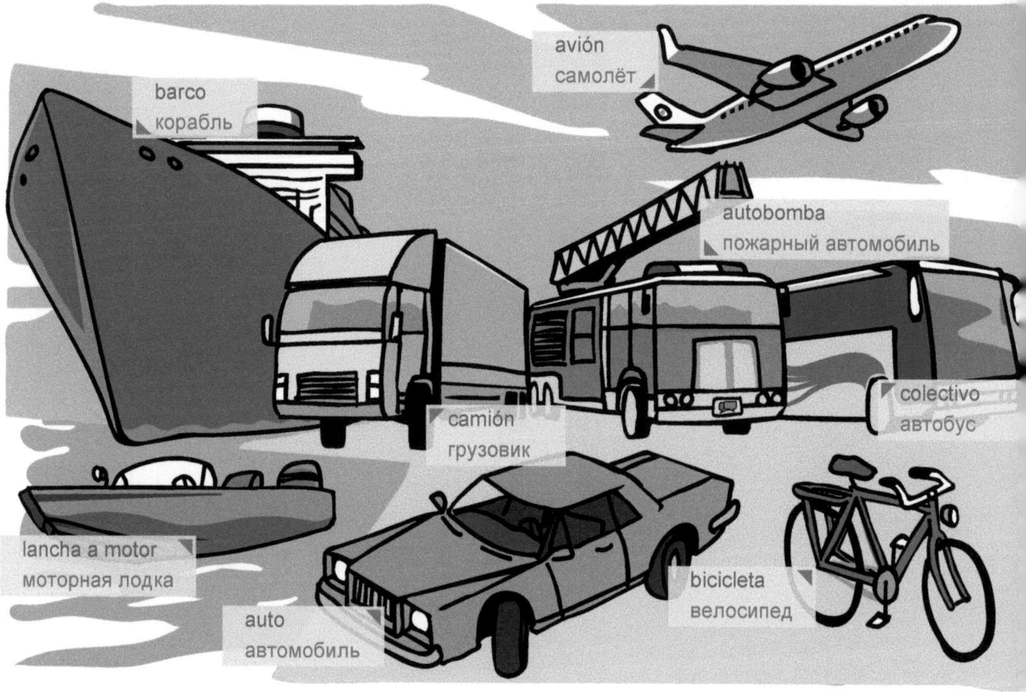

avión
самолёт
barco
корабль
autobomba
пожарный автомобиль
colectivo
автобус
camión
грузовик
lancha a motor
моторная лодка
bicicleta
велосипед
auto
автомобиль

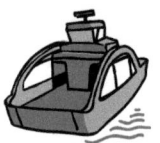

ferry

паром

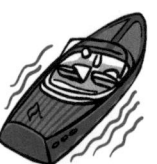

bote

лодка

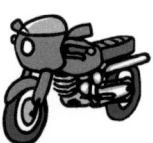

moto

мотоцикл

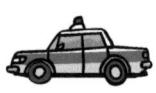

patrullero

полицейский автомобиль

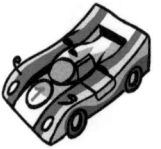

auto de carreras

гоночный автомобиль

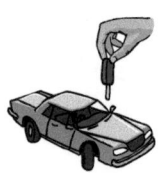

auto de alquiler

арендованный автомобиль

alquiler de autos

совместное пользование
автомобилями

grúa

буксировочный
автомобиль

camión de basura

мусоровоз

motor

двигатель

nafta

топливо

estación de servicio

заправка

señal de tránsito

дорожный знак

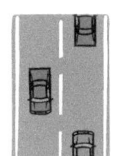

tránsito

движение

embotellamiento

пробка

estacionamiento

автостоянка

estación de tren

вокзал

vías

рельсы

tren

поезд

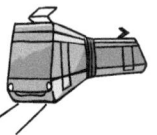

tranvía

трамвай

vagón

вагон

helicóptero

вертолёт

aeropuerto

аэропорт

torre

вышка

pasajero

пассажир

contenedor

контейнер

caja de cartón

коробка

carretilla

тележка

canasta

корзина

despegar / aterrizar

взлетать / приземляться

ciudad

город

pueblo

деревня

centro de ciudad

центр города

casa

дом

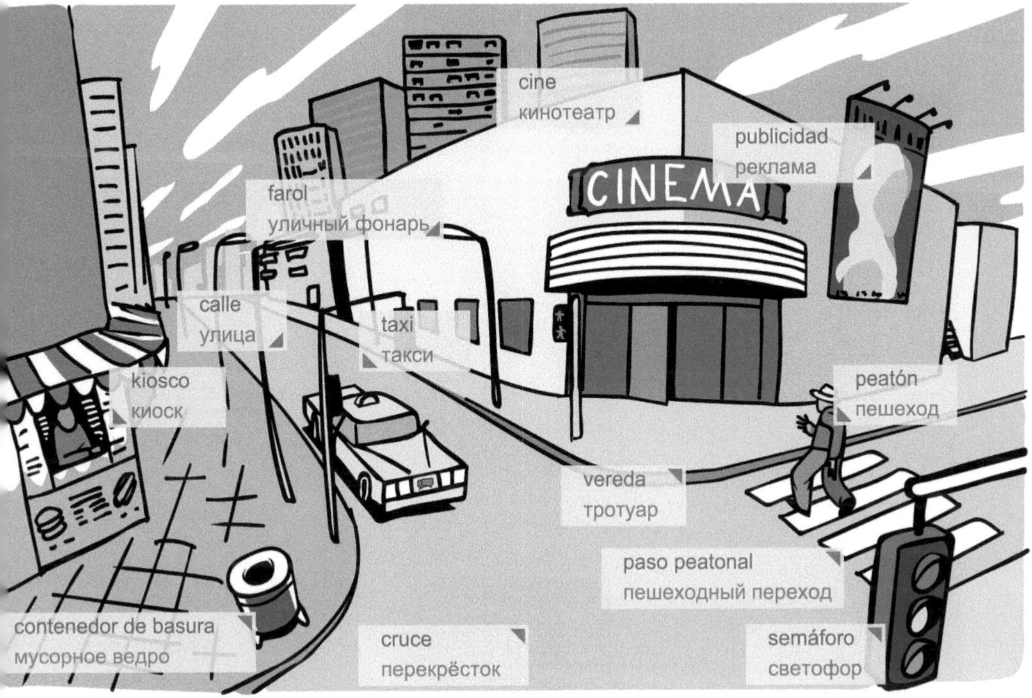

cine
кинотеатр

publicidad
реклама

farol
уличный фонарь

CINEMA

calle
улица

taxi
такси

kiosco
киоск

peatón
пешеход

vereda
тротуар

paso peatonal
пешеходный переход

contenedor de basura
мусорное ведро

cruce
перекрёсток

semáforo
светофор

cabaña

хижина

departamento

квартира

estación de tren

вокзал

municipalidad

ратуша

museo

музей

colegio

школа

universidad

университет

banco

банк

hospital

больница

hotel

гостиница

farmacia

аптека

oficina

офис

librería

книжный магазин

negocio

магазин

florería

цветочный магазин

supermercado

супермаркет

mercado

рынок

grandes tiendas

универмаг

pescadería

торговец рыбой

centro comercial

торговый центр

puerto

порт

ciudad - город

parque

парк

banco

скамейка

puente

мост

escaleras

лестница

subte

метро

túnel

тоннель

parada del colectivo

автобусная остановка

bar

бар

restaurante

ресторан

buzón

почтовый ящик

letrero

табличка с названием
улицы

parquímetro

паркометр

zoológico

зоопарк

pileta

бассейн

mezquita

мечеть

granja

ферма

contaminación

загрязнение окружающей среды

cementerio

кладбище

iglesia

церковь

juegos infantiles

детская площадка

templo

храм

paisaje
ландшафт

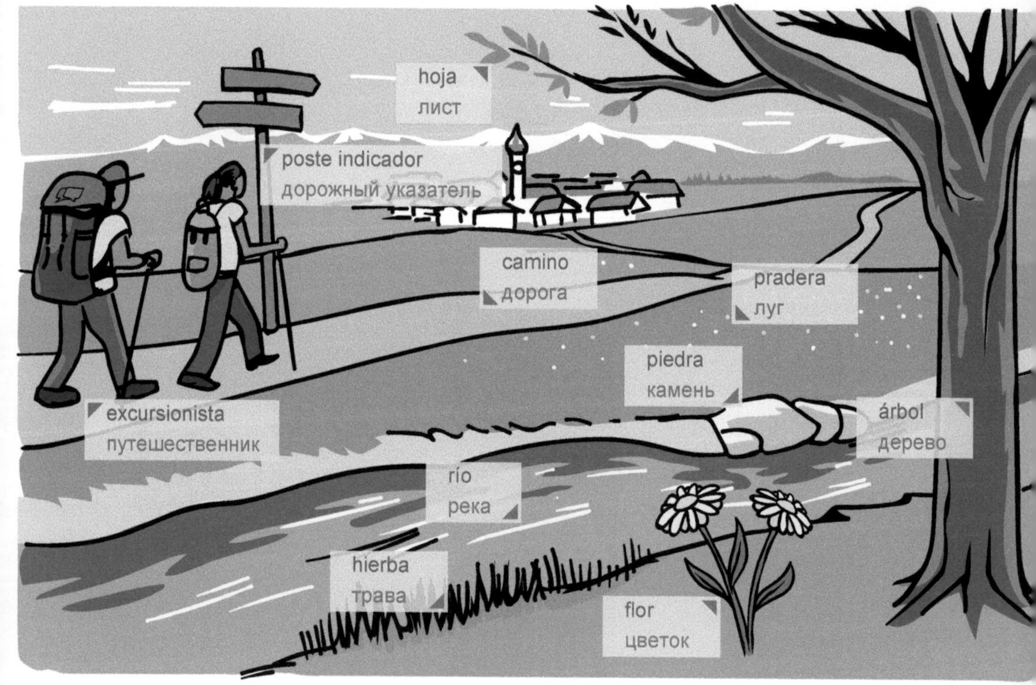

hoja
лист

poste indicador
дорожный указатель

camino
дорога

pradera
луг

piedra
камень

árbol
дерево

excursionista
путешественник

río
река

hierba
трава

flor
цветок

valle

долина

montaña

гора

lago

озеро

bosque

лес

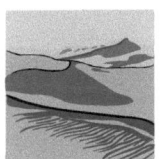

desierto

пустыня

volcán

вулкан

castillo

замок

arco iris

радуга

champiñón

гриб

palmera

пальма

mosquito

комар

mosca

муха

hormiga

муравей

abeja

пчела

araña

паук

escarabajo

жук

rana

лягушка

ardilla

белка

erizo

еж

liebre

заяц

lechuza

сова

pájaro

птица

cisne

лебедь

jabalí

кабан

ciervo

олень

alce

лось

presa

плотина

aerogenerador

ветряной генератор

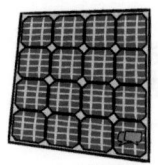

panel solar

солнечная батарея

clima

климат

restaurante

ресторан

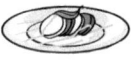

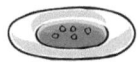

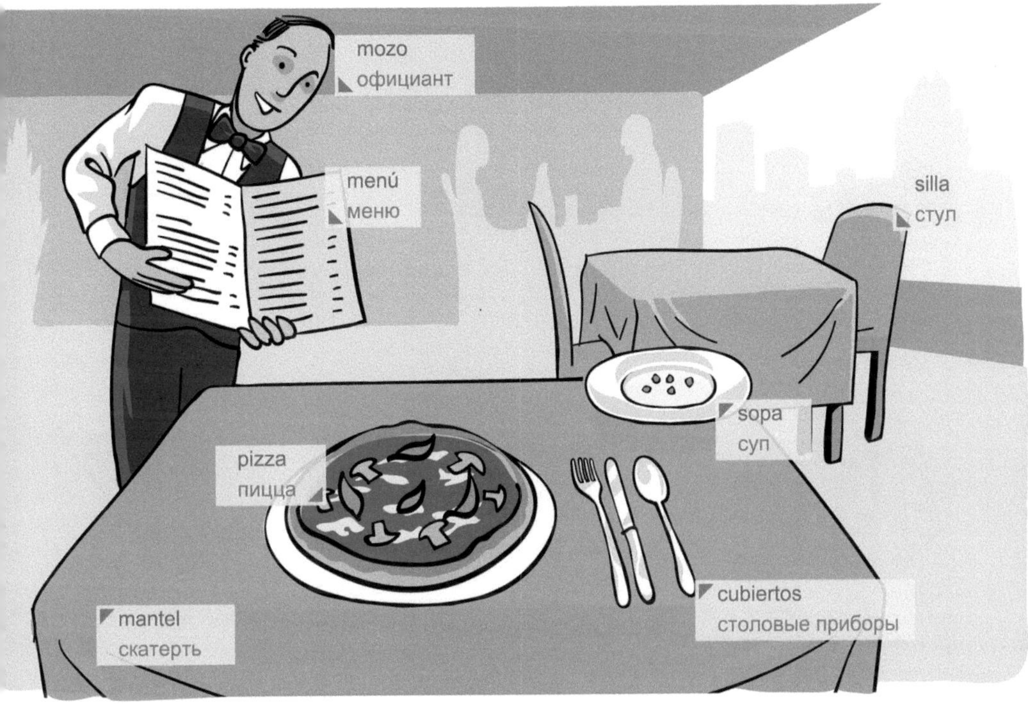
mozo
официант
menú
меню
silla
стул
sopa
суп
pizza
пицца
cubiertos
столовые приборы
mantel
скатерть

entrada

закуска

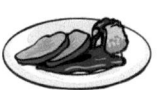

plato principal

главное блюдо

postre

десерт

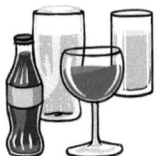

bebidas

напитки

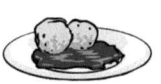

comida

еда

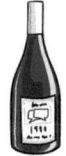

botella

бутылка

comida rápida

фастфуд

comida callejera

уличная еда

tetera

чайник

azucarera

сахарница

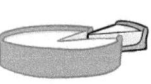

porción

порция

cafetera expreso

кофеварка

sillita alta

детский стульчик

cuenta

счет

bandeja

поднос

cuchillo

нож

tenedor

вилка

cuchara

ложка

cucharita

чайная ложка

servilleta

салфетка

vaso

стакан

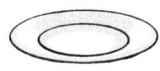

plato

тарелка

plato hondo

суповая тарелка

plato

блюдце

salsa

соус

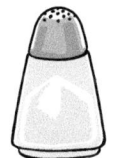

salero

солонка

molinillo de pimienta

мельница для перца

vinagre

уксус

aceite

масло

especias

специи

kétchup

кетчуп

mostaza

горчица

mayonesa

майонез

supermercado

супермаркет

oferta especial
специальное предложение
FOR
cliente
покупатель
lácteos
молочные продукты
fruta
фрукты
changuito
тележка для покупок

BUTCHERS

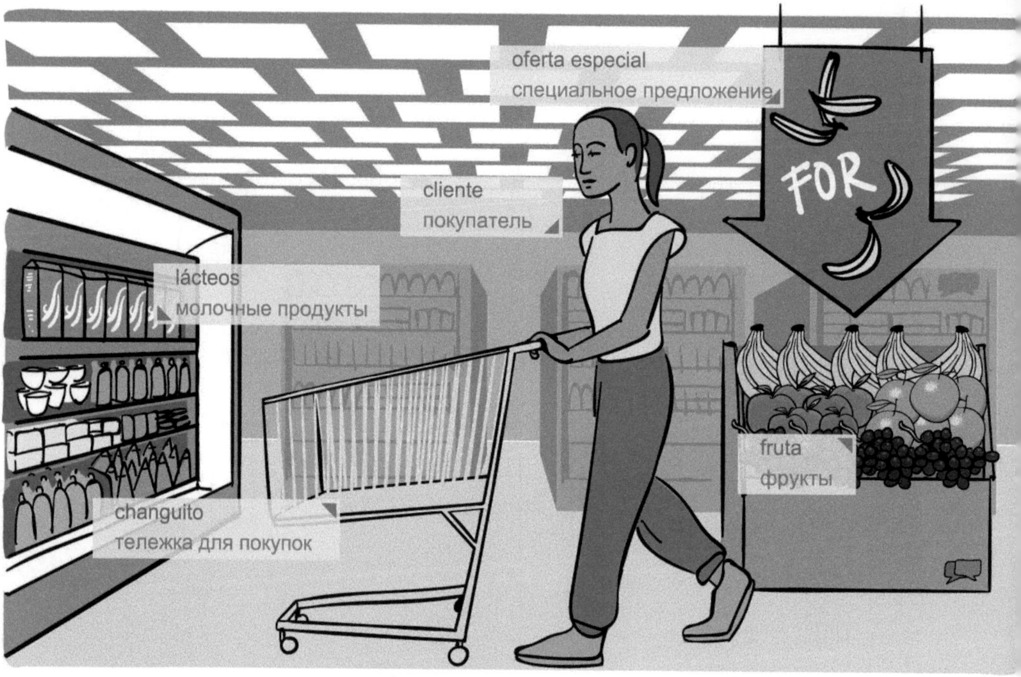

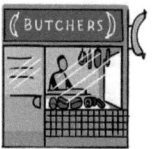

carnicería

мясной магазин

BAKERY

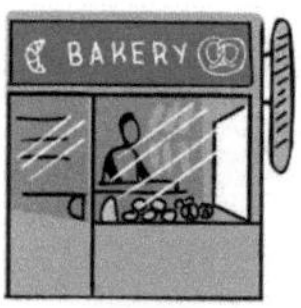

panadería

пекарня

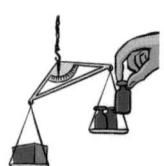

pesar

взвешивать

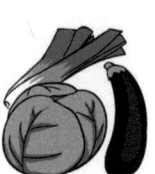

verduras

овощи

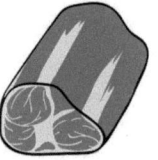

carne

мясо

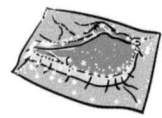

alimentos congelados

быстрозамороженные продукты

fiambres

нарезка

alimentos enlatados

консервы

detergente en polvo

стиральный порошок

golosinas

сладости

electrodomésticos

предмет домашнего
обихода

productos de limpieza

моющее средство

vendedora

продавщица

caja

касса

cajero

кассир

lista de compras

список покупок

horario de atención

время работы

billetera

бумажник

tarjeta de crédito

кредитная карточка

cartera

сумка

bolsa de plástico

полиэтиленовый пакет

agua

вода

jugo

сок

leche

молоко

bebida cola

кока-кола

vino

вино

cerveza

пиво

alcohol

алкоголь

cacao

какао

té

чай

café

кофе

café expreso

эспрессо

cappuccino

капучино

banana

банан

manzana

яблоко

naranja

апельсин

melón

арбуз

limón

лимон

zanahoria

морковь

ajo

чеснок

bambú

бамбук

cebolla

лук

champiñón

гриб

nueces

орехи

fideos

лапша

tallarines

спагетти

arroz

рис

ensalada

салат

papas fritas

картофель фри

papas fritas

жареный картофель

pizza

пицца

hamburguesa

гамбургер

sándwich

сэндвич

churrasco

шницель

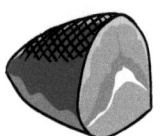

jamón

ветчина

salame

салями

salchicha

колбаса

pollo

курица

asado

жаркое

pescado

рыба

copos de avena

овсяные хлопья

muesli

мюсли

copos de maíz

кукурузные хлопья

harina

мука

medialuna

круассан

pancito

булочка

pan

хлеб

tostada

тост

galletitas

печенье

manteca

масло

cuajada

творог

torta

пирог

huevo

яйцо

huevo frito

яичница

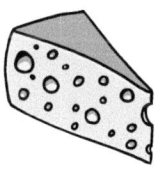

queso

сыр

helado

мороженое

azúcar

сахар

miel

мёд

mermelada

мармелад

pasta de chocolate

крем с нугой

curry

карри

granja
ферма

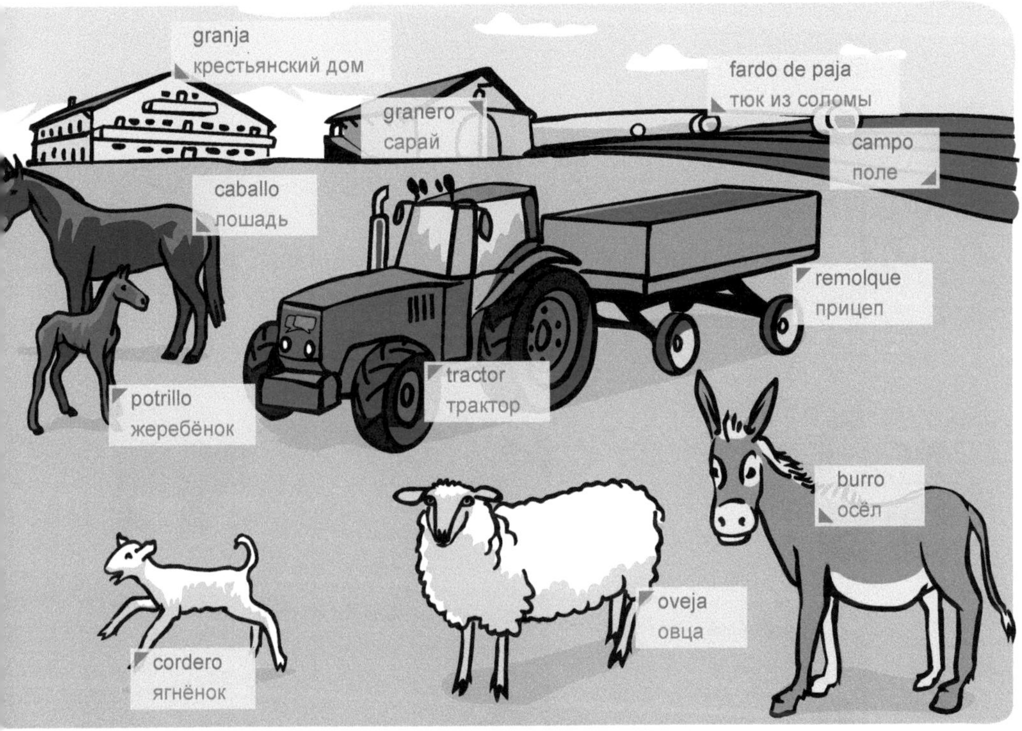
granja
крестьянский дом
granero
сарай
fardo de paja
тюк из соломы
campo
поле
caballo
лошадь
remolque
прицеп
tractor
трактор
potrillo
жеребёнок
burro
осёл
oveja
овца
cordero
ягнёнок

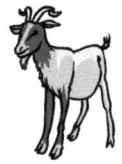

cabra

коза

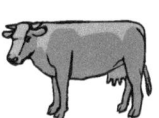

vaca

корова

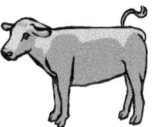

ternero

телёнок

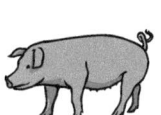

cerdo

свинья

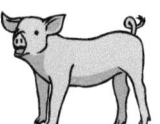

lechón

поросёнок

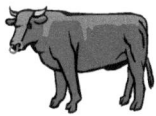

toro

бык

ganso

гусь

pato

утка

pollo

цыплёнок

gallina

курица

gallo

петух

rata

крыса

gato

кошка

ratón

мышь

buey

вол

perro

собака

cucha

конура

manguera

садовый шланг

regadera

лейка

guadaña

коса

arado

плуг

hoz

серп

azada

мотыга

horquilla

навозные вилы

hacha

топор

carretilla

тачка

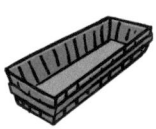

abrevadero

корыто

lechera

бидон для молока

bolsa

мешок

reja

забор

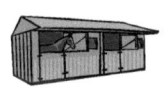

establo

хлев

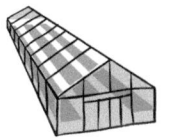

invernadero

теплица

suelo

почва

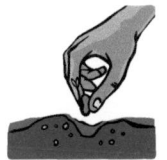

semilla

посев

fertilizador

удобрение

cosechadora

комбайн

granja - ферма

cosechar

собирать урожай

cosecha

урожай

batatas

ямс

trigo

пшеница

soja

соя

papa

картофель

maíz

кукуруза

semilla de colza

рапс

árbol frutal

фруктовое дерево

mandioca

маниок

cereales

злаки

casa
дом

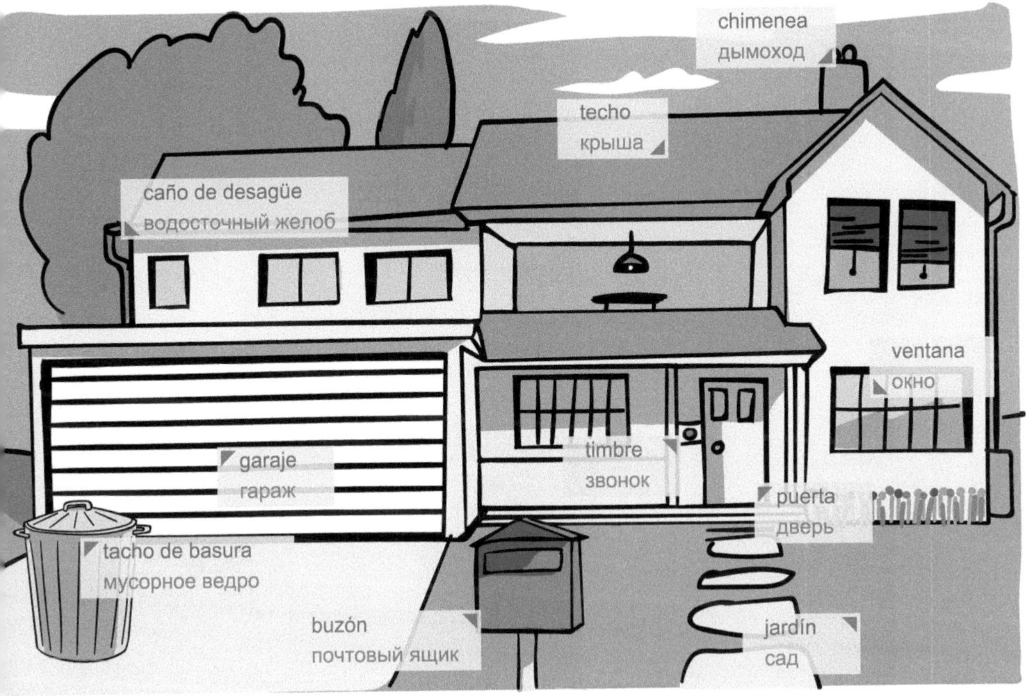
chimenea
дымоход
techo
крыша
caño de desagüe
водосточный желоб
ventana
окно
garaje
гараж
timbre
звонок
puerta
дверь
tacho de basura
мусорное ведро
buzón
почтовый ящик
jardín
сад

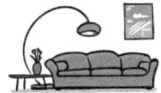

living
гостиная

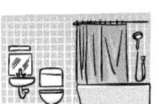

baño
ванная комната

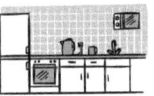

cocina
кухня

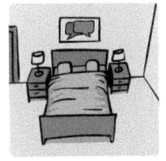

dormitorio
спальня

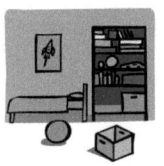

cuarto de los chicos
детская комната

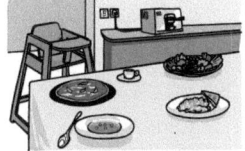

comedor
столовая

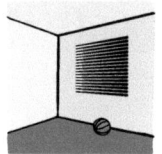

piso

пол

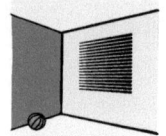

pared

стена

cielorraso

потолок

sótano

подвал

sauna

сауна

balcón

балкон

terraza

терраса

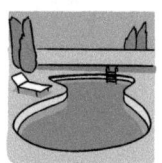

pileta

бассейн

cortadora de pasto

газонокосилка

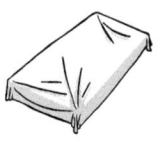

sábana

пододеяльник

acolchado

покрывало

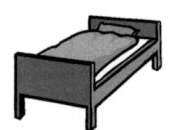

cama

кровать

escoba

метла

balde

ведро

interruptor

выключатель

living

гостиная

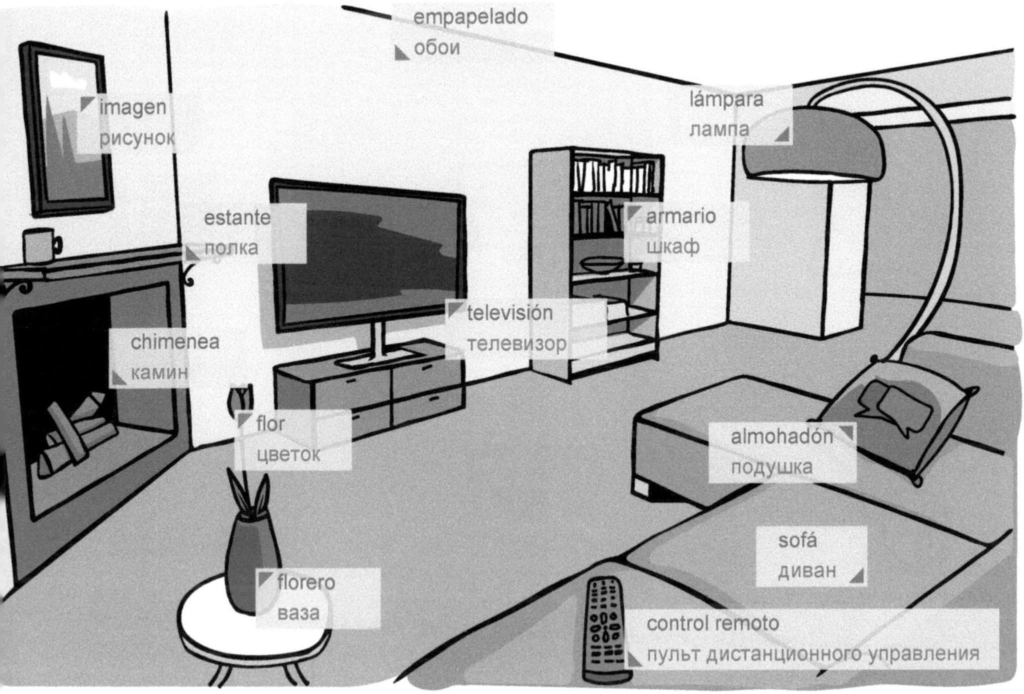
empapelado
обои
imagen
рисунок
lámpara
лампа
estante
полка
armario
шкаф
televisión
телевизор
chimenea
камин
flor
цветок
almohadón
подушка
sofá
диван
florero
ваза
control remoto
пульт дистанционного управления

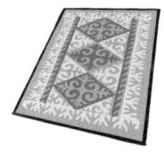

alfombra

ковёр

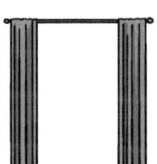

cortina

штора

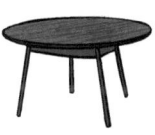

mesa

стол

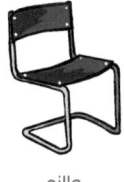

silla

стул

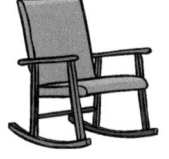

mecedora

кресло-качалка

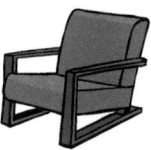

sillón

кресло

libro

книга

frazada

покрывало

decoración

украшение

leña

дрова

película

фильм

equipo de música

стереосистема

llave

ключ

diario

газета

pintura

картина

póster

плакат

radio

радио

cuaderno

блокнот

aspiradora

пылесос

cactus

кактус

vela

свеча

cocina

кухня

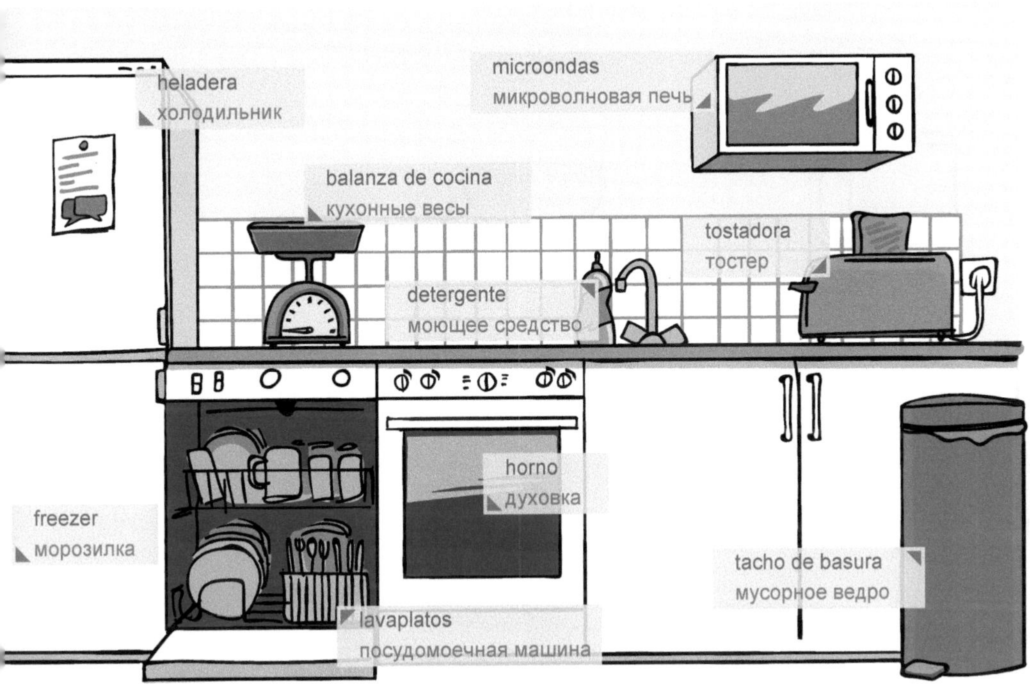

heladera
холодильник
microondas
микроволновая печь
balanza de cocina
кухонные весы
tostadora
тостер
detergente
моющее средство
horno
духовка
freezer
морозилка
tacho de basura
мусорное ведро
lavaplatos
посудомоечная машина

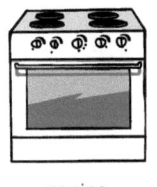

cocina
плита

olla
кастрюля

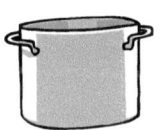

olla de hierro fundido
чугунный котелок

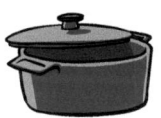

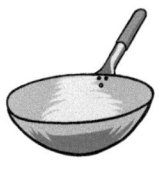

wok
вок / кадай

sartén
сковорода

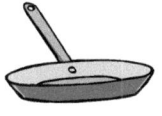

pava
чайник

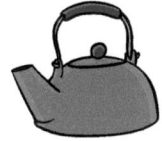

vaporera

пароварка

bandeja de horno

противень

vajilla

посуда

taza

кружка

bol

миска

palitos

палочки для еды

cucharón

половник

estpátula

лопатка

batidora

сбивалка

colador

сито

colador

сито

rallador

тёрка

mortero

ступка

parrilla

гриль

fogata

костёр

tabla de picar

доска

palo de amasar

скалка

sacacorchos

штопор

lata

жестяная банка

abrelatas

консервный нож

manopla

прихватка

pileta

раковина

cepillo

щетка

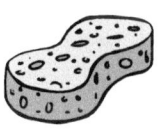

esponja

губка

batidora

миксер

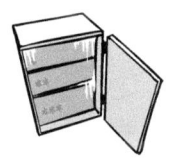

congelador

морозильная камера

mamadera

бутылочка для кормления

canilla

кран

baño

ванная комната

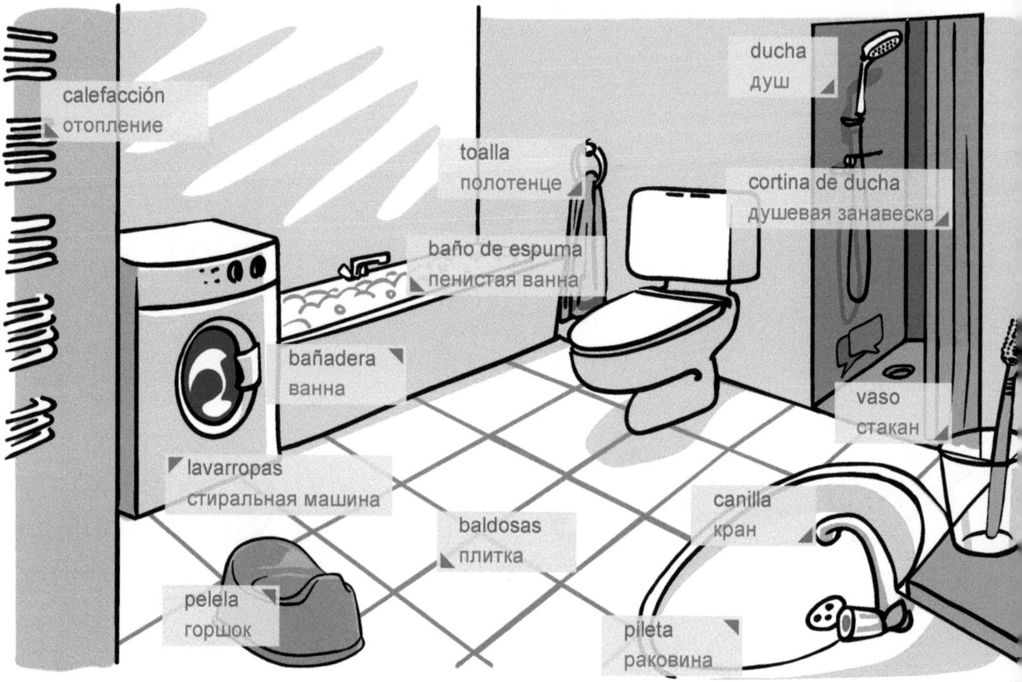

calefacción
отопление
toalla
полотенце
ducha
душ
cortina de ducha
душевая занавеска
baño de espuma
пенистая ванна
bañadera
ванна
vaso
стакан
lavarropas
стиральная машина
canilla
кран
baldosas
плитка
pelela
горшок
pileta
раковина

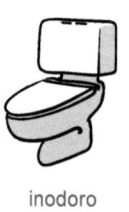

inodoro

туалет

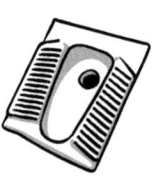

letrina

напольный унитаз

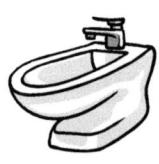

bidé

биде

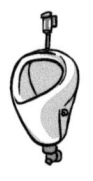

mingitorio

писсуар

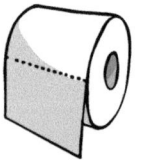

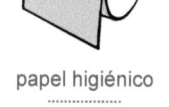

papel higiénico

туалетная бумага

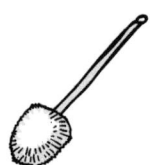

cepillo para el inodoro

ершик

cepillo de dientes

зубная щетка

dentífrico

зубная паста

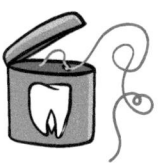

hilo dental

зубная нить

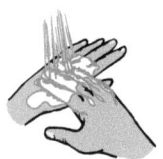

lavar

мыть

ducha de mano

ручной душ

ducha higiénica

интимный душ

palangana

таз

cepillo para espalda

щетка для спины

jabón

мыло

gel de ducha

гель для душа

shampoo

шампунь

toallita

мочалка

desagüe

сток

crema

крем

desodorante

дезодорант

espejo

зеркало

espejito

ручное зеркало

maquinita de afeitar

бритва

espuma de afeitar

пена для бритья

aftershave

лосьон после бритья

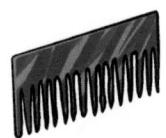

peine

расческа

cepillo

щетка

secador de pelo

фен

spray

лак для волос

maquillaje

косметика

lápiz de labios

губная помада

esmalte para uñas

лак для ногтей

algodón

вата

tijera para uñas

маникюрные ножницы

perfume

духи

portacosméticos

косметичка

banqueta

табуретка

balanza

весы

bata

халат

guantes de goma

резиновые перчатки

tampón

тампон

toallita femenina

гигиеническая прокладка

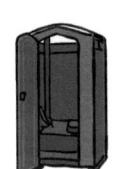

baño químico

биотуалет

cuarto de los chicos
детская комната

despertador
будильник
peluche
мягкая игрушка
coche de juguete
игрушечный автомобиль
sonajero
погремушка
casa de muñecas
кукольный домик
regalo
подарок

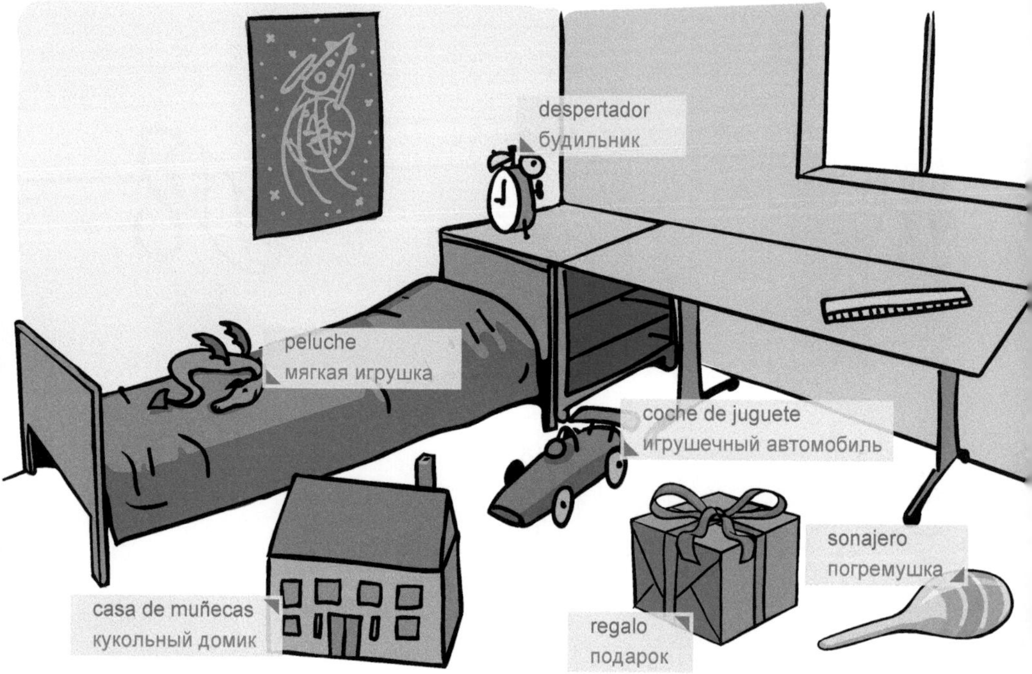

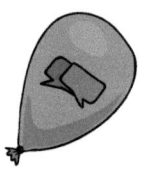

globo

воздушный шар

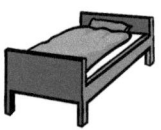

cama

кровать

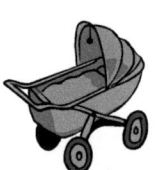

cochecito

детская коляска

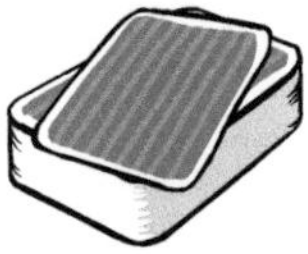

cartas

карточная игра

rompecabezas

пазл

SUPER MEGA

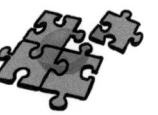

historieta

комикс

piezas de lego

кирпичики Лего

ladrillos de juguete

кубики

figura de acción

игрушечная фигурка

enterito (de bebé)

ползунки

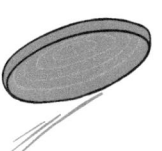

frisbee

фрисби

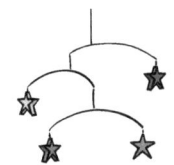

móvil para bebés

мобиле

juego de mesa

настольная игра

dados

кубик

tren eléctrico

модель железной дороги

chupete

соска

fiesta

вечеринка

libro de cuentos ilustrado

книга с картинками

pelota

мяч

muñeca

кукла

jugar

играть

arenero

песочница

hamaca

качели

juguetes

игрушка

consola de videojuegos

игровая приставка

triciclo

трёхколесный велосипед

osito de peluche

плюшевый медвежонок

armario

шкаф для одежды

ropa

одежда

medias

носки

medias panty

чулки

calzas

колготки

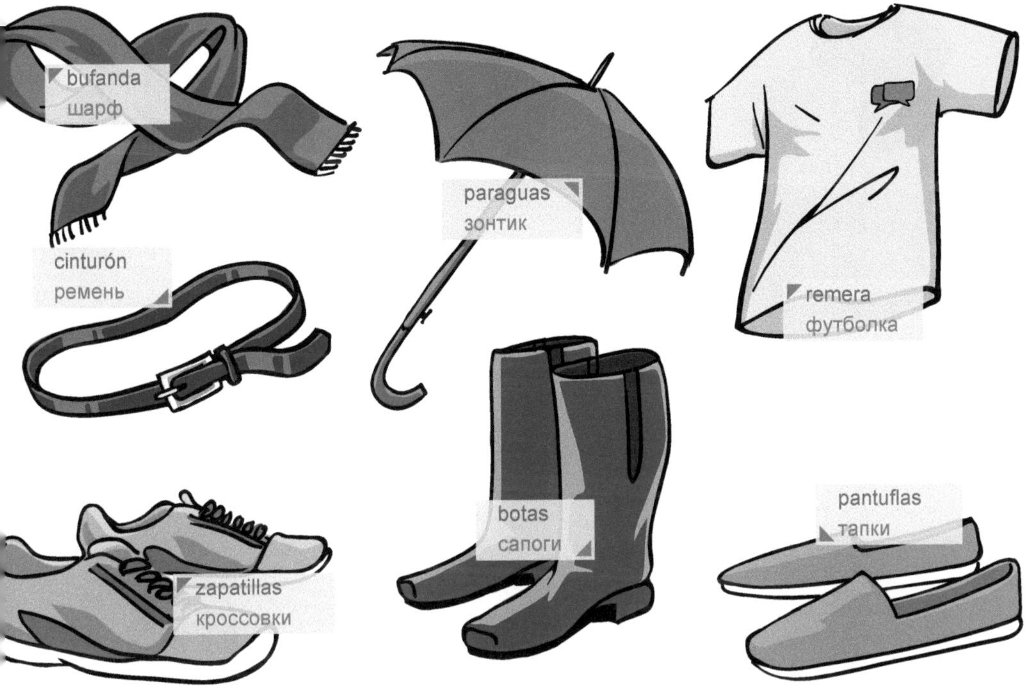

bufanda
шарф

cinturón
ремень

paraguas
зонтик

remera
футболка

botas
сапоги

pantuflas
тапки

zapatillas
кроссовки

sandalias
....
сандалии

zapatos
....
ботинки

botas de goma
....
резиновые сапоги

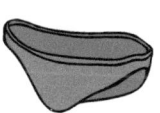

ropa interior
....
трусы

corpiño
....
бюстгальтер

chaleco
....
майка

body

боди

pantalones

брюки

jeans

джинсы

pollera

юбка

blusa

блузка

camisa

рубашка

pulóver

свитер

buzo

свитер

blazer

спортивная куртка

campera

жакет

tapado

пальто

piloto

плащ

traje

костюм

vestido

платье

vestido de novia

свадебное платье

traje

мужской костюм

camisón

ночная сорочка

pijama

пижама

sari

сари

pañuelo para cabeza

платок

turbante

тюрбан

burka

паранджа

caftán

кафтан

abaya

абайя

traje de baño

купальник

short de baño

плавки

shorts

шорты

jogging

спортивный костюм

delantal

фартук

guantes

перчатки

botón

пуговица

anteojos

очки

pulsera

браслет

collar

цепочка

anillo

кольцо

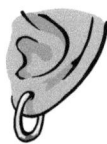

aro

серьга

gorra

шапка

percha

вешалка

sombrero

шляпа

corbata

галстук

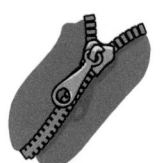

cierre

застежка молния

casco

шлем

tiradores

подтяжки

uniforme escolar

школьная форма

uniforme

форма

babero

детский нагрудник

chupete

соска

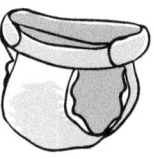

pañal

подгузник

oficina
офис

servidor
сервер

archivero
канцелярский шкаф

impresora
принтер

monitor
монитор

papel
бумага

mouse
мышь

escritorio
письменный стол

carpeta
папка

teclado
клавиатура

silla
стул

tacho (de basura)
корзина для бумаг

computadora
компьютер

taza de café

кофейная кружка

calculadora

калькулятор

internet

интернет

laptop

ноутбук

carta

письмо

mensaje

сообщение

celular

мобильный телефон

red

сеть

fotocopiadora

ксерокс

software

программа

teléfono

телефон

tomacorriente

розетка

fax

факс

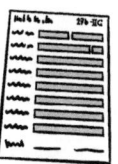

formulario

формуляр

documento

документ

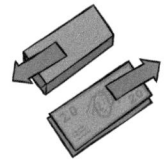

comprar

покупать

pagar

платить

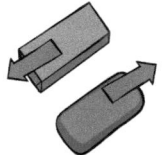

hacer negocios

торговать

dinero

деньги

 **USD**

dólar

доллар

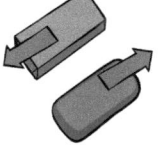 **EUR**

euro

евро

JPY

yen

иена

RUB

rublo

рубль

CHF

franco suizo

франк

CNY

yuan

жэньминьби юань

INR

rupia

рупия

cajero automático

банкомат

casa de cambio

пункт обмена валюты

oro

золото

plata

серебро

petróleo

нефть

energía

энергия

precio

цена

contrato

договор

impuesto

налог

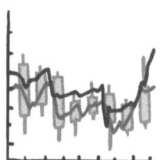

acción

акция

trabajar

работать

empleado

служащий

empleador

работодатель

fábrica

фабрика

negocio

магазин

ocupaciones
профессии

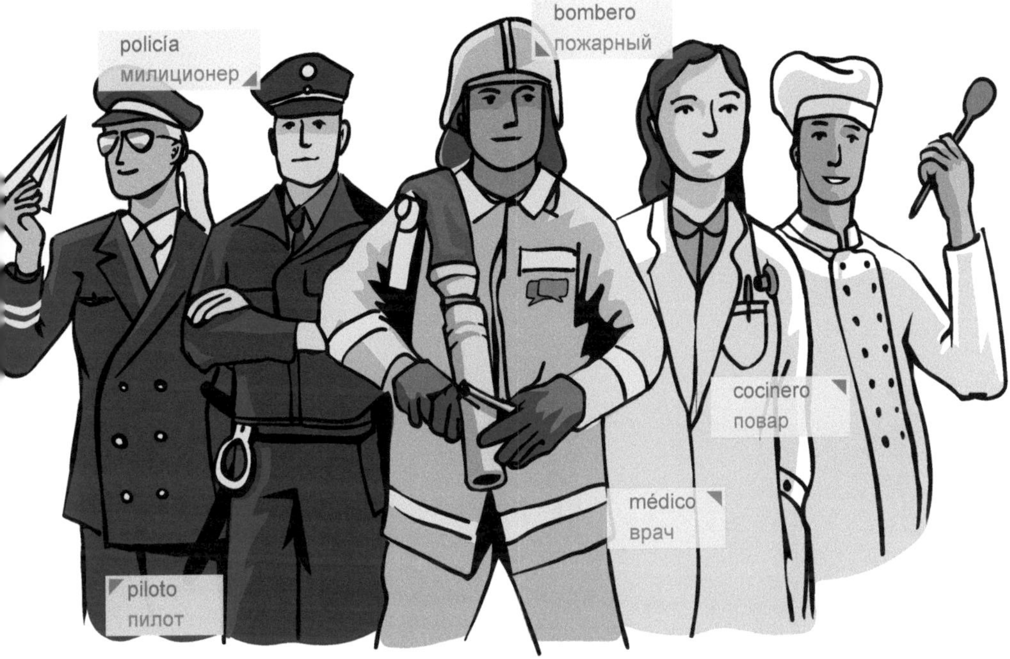
policía
милиционер
bombero
пожарный
cocinero
повар
médico
врач
piloto
пилот

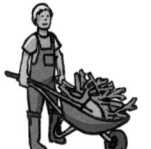

jardinero

садовник

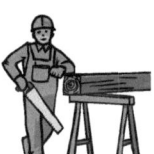

carpintero

столяр

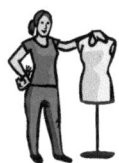

modista

швея

juez

судья

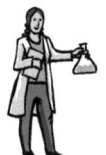

farmacéutico

химик

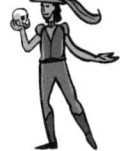

actor

актёр

colectivero

водитель автобуса

taxista

таксист

pescador

рыбак

mucama

уборщица

techista

кровельщик

mozo

официант

cazador

охотник

pintor

художник

panadero

пекарь

electricista

электрик

albañil

строитель

ingeniero

инженер

carnicero

мясник

plomero

сантехник

cartero

почтальон

soldado
солдат

arquitecto
архитектор

cajero
кассир

florista
флорист

peluquero
парикмахер

cobrador
кондуктор

mecánico
механик

capitán
капитан

dentista
зубной врач

científico
ученый

rabino
раввин

imán
имам

monje
монах

sacerdote
священник

herramientas

инструменты

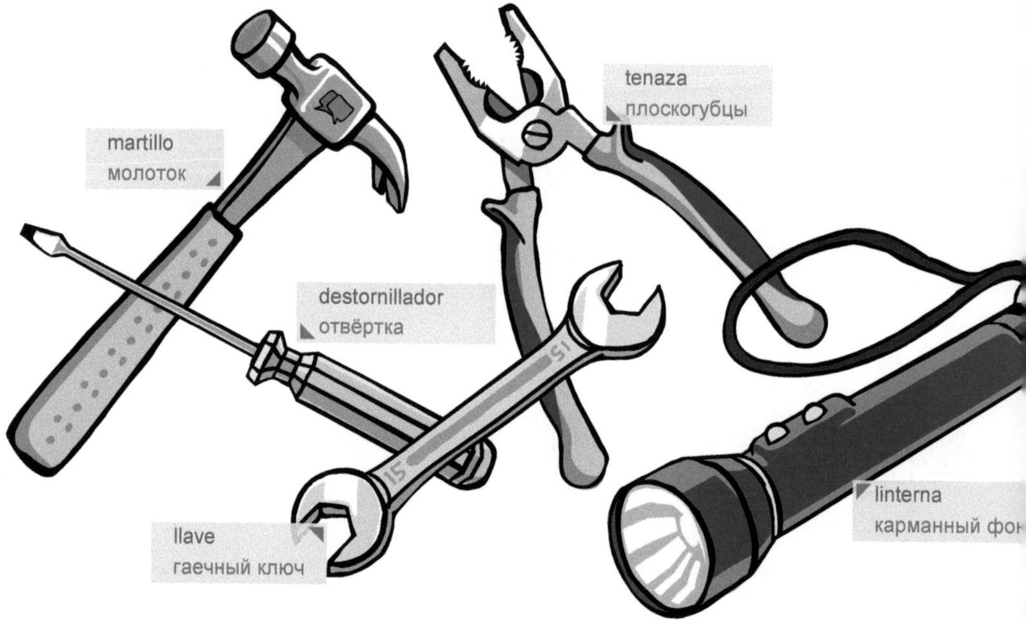

tenaza
плоскогубцы
martillo
молоток
destornillador
отвёртка
llave
гаечный ключ
linterna
карманный фо

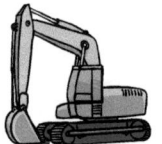

excavadora

экскаватор

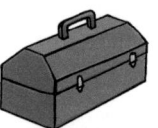

caja de herramientas

ящик для инструментов

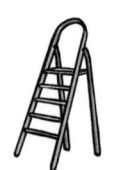

escalera portátil

стремянка

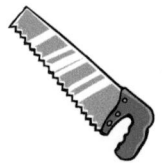

sierra

пила

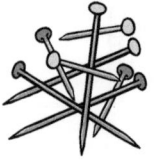

clavos

гвозди

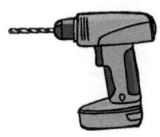

taladro

дрель

arreglar

ремонтировать

pala de jardín

лопата

¡Qué bronca!

Блин!

pala de plástico

совок

tacho de pintura

ведро с краской

tornillos

винты

instrumentos musicales

музыкальные инструменты

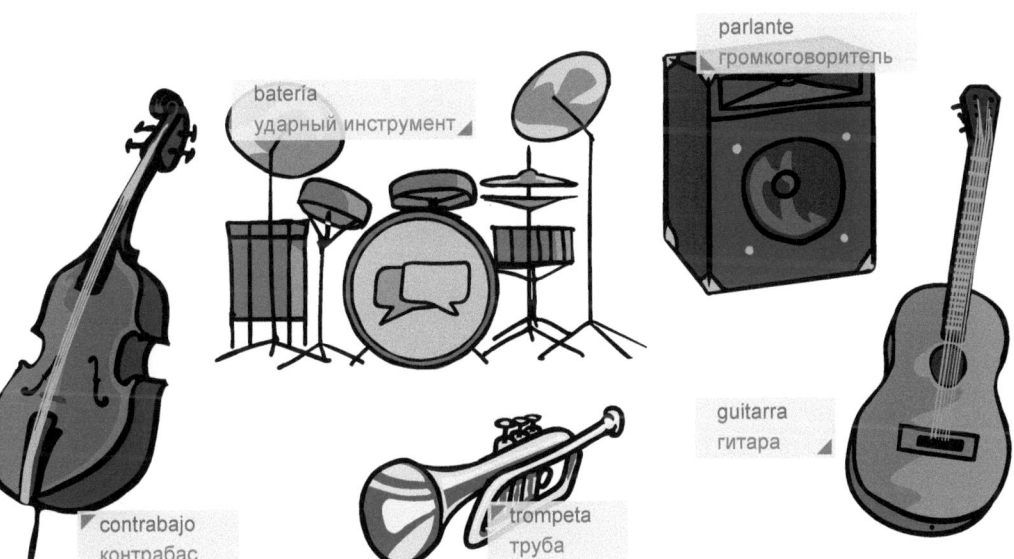

parlante
громкоговоритель

batería
ударный инструмент

guitarra
гитара

contrabajo
контрабас

trompeta
труба

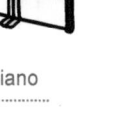

piano

пианино

violín

скрипка

bajo

бас-гитара

timbales

литавры

tambor

барабан

teclado

синтезатор

saxofón

саксофон

flauta

флейта

micrófono

микрофон

zoológico

зоопарк

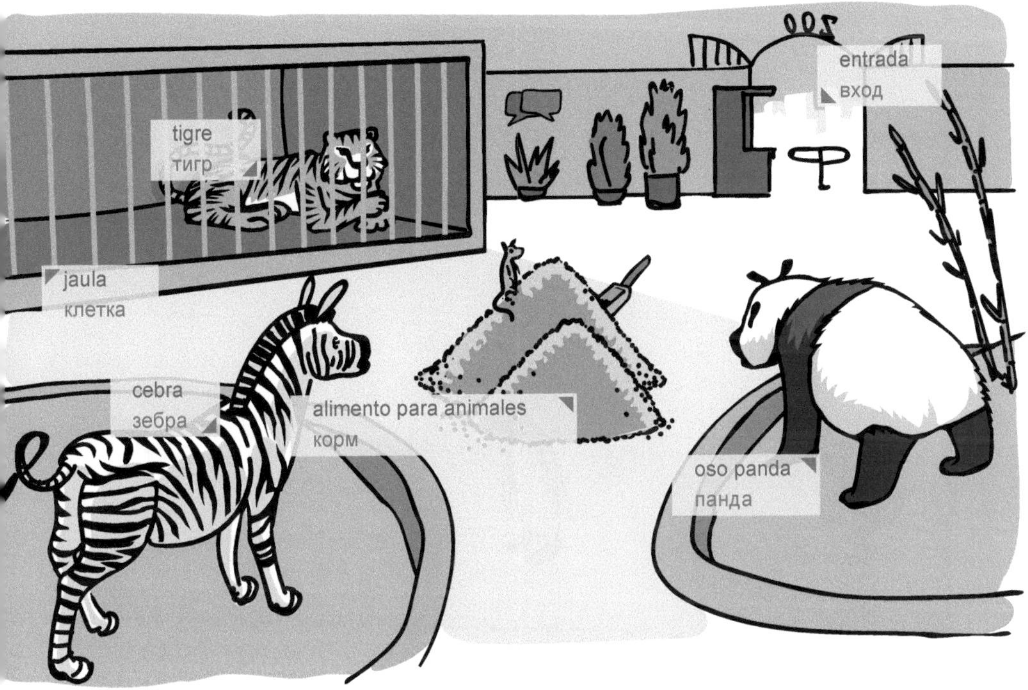

entrada
вход
tigre
тигр
jaula
клетка
cebra
зебра
alimento para animales
корм
oso panda
панда

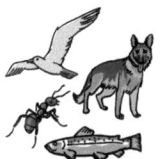

animales

животные

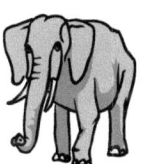

elefante

слон

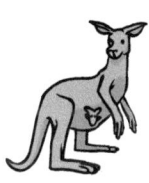

canguro

кенгуру

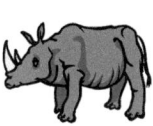

rinoceronte

носорог

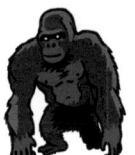

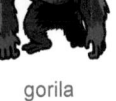

gorila

горилла

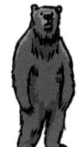

oso

медведь

camello

верблюд

avestruz

страус

león

лев

mono

обезьяна

flamenco

фламинго

loro

попугай

oso polar

белый медведь

pingüino

пингвин

tiburón

акула

pavo real

павлин

serpiente

змея

cocodrilo

крокодил

cuidador del zoológico

служитель зоопарка

foca

тюлень

jaguar

ягуар

poni

пони

leopardo

леопард

hipopótamo

бегемот

jirafa

жираф

águila

орёл

jabalí

кабан

pescado

рыба

tortuga

черепаха

morsa

морж

zorro

лиса

gacela

газель

zoológico - зоопарк

fútbol americano
американский футбол

ciclismo
езда на велосипеде

tenis
теннис

básquet
баскетбол

natación
плавание

boxeo
бокс

hockey sobre hielo
хоккей

fútbol
футбол

bádminton
бадминтон

atletismo
лёгкая атлетика

handball
гандбол

esquí
лыжный спорт

polo
поло

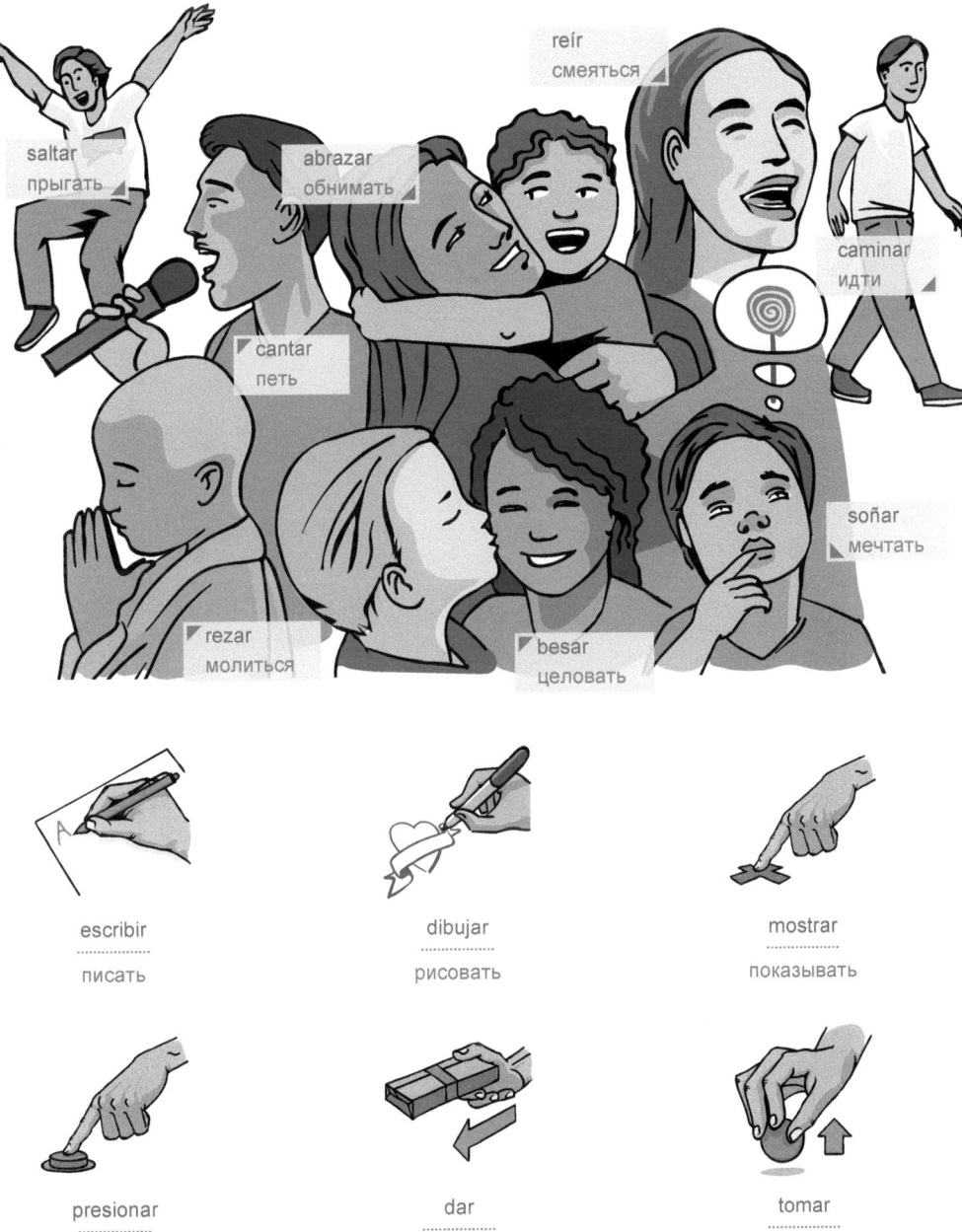

saltar
прыгать

reír
смеяться

abrazar
обнимать

caminar
идти

cantar
петь

soñar
мечтать

rezar
молиться

besar
целовать

escribir

писать

dibujar

рисовать

mostrar

показывать

presionar

нажимать

dar

давать

tomar

брать

tener

иметь

hacer

делать

ser

быть

estar parado

стоять

correr

бежать

tirar

тянуть

tirar

бросать

caer

падать

estar acostado

лежать

esperar

ждать

llevar

носить

estar sentado

сидеть

vestirse

надевать

dormir

спать

despertar

просыпаться

mirar

рассматривать

llorar

плакать

acariciar

гладить

peinar

причесывать

hablar

говорить

entender

понимать

preguntar

спрашивать

escuchar

слушать

beber

пить

comer

кушать

ordenar

наводить порядок

amar

любить

cocinar

готовить

manejar

ехать

volar

летать

actividades - действия

navegar

ходить под парусом

calcular

считать

leer

читать

aprender

учиться

trabajar

работать

casarse

вступать в брак

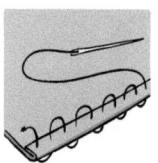

coser

шить

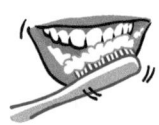

cepillarse los dientes

чистить зубы

matar

убивать

fumar

курить

enviar

отправлять

abuela
бабушка

abuelo
дедушка

padre
папа

madre
мама

bebé
младенец

hija
дочь

hijo
сын

invitado

гость

tía

тетя

tío

дядя

hermano

брат

hermana

сестра

cuerpo

тело

frente
лоб
ojo
глаз
hombro
плечо
dedo
палец
cara
лицо
pera
подбородок
mano
кисть
pecho
грудь
pierna
нога
brazo
рука

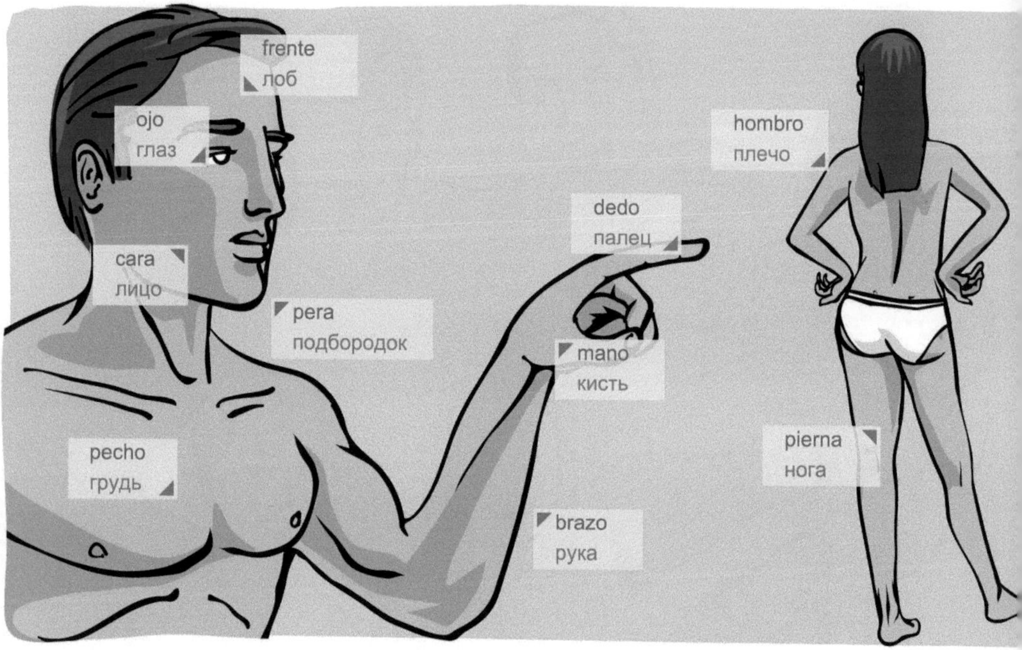

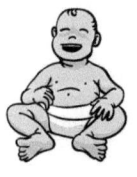

bebé

младенец

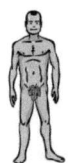

hombre

мужчина

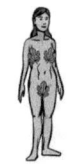

mujer

женщина

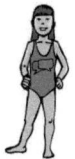

nena

девочка

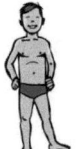

nene

мальчик

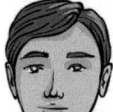

cabeza

голова

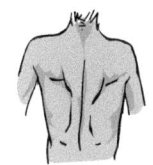

espalda
спина

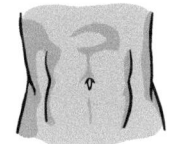

panza
живот

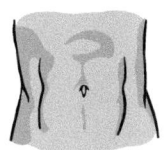

ombligo
пупок

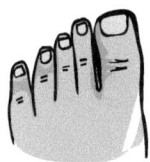

dedo del pie
палец ноги

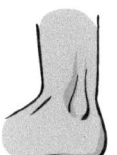

talón
пятка

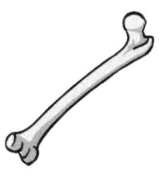

hueso
кость

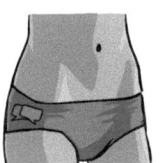

cadera
бедро

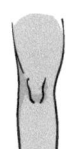

rodilla
колено

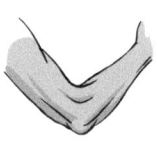

codo
локоть

nariz
нос

cola
ягодицы

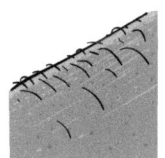

piel
кожа

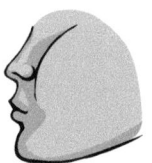

cachete
щека

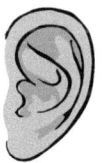

oreja
ухо

labio
губа

cuerpo - тело

boca

рот

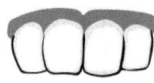

diente

зуб

lengua

язык

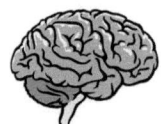

cerebro

мозг

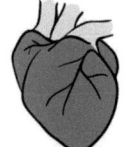

corazón

сердце

músculo

мышца

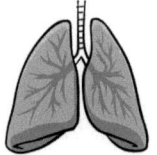

pulmón

лёгкое

hígado

печень

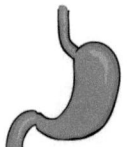

estómago

желудок

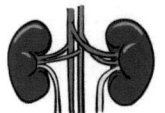

riñones

почки

sexo

половой акт

preservativo

презерватив

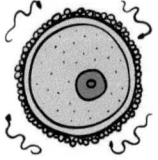

óvulo

яйцеклетка

semen

сперма

embarazo

беременность

cuerpo - тело

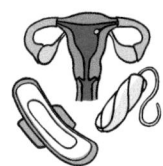

menstruación
menструация

vagina
вагина

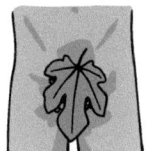

pene
пенис

ceja
бровь

pelo
волосы

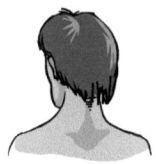

cuello
шея

hospital
больница

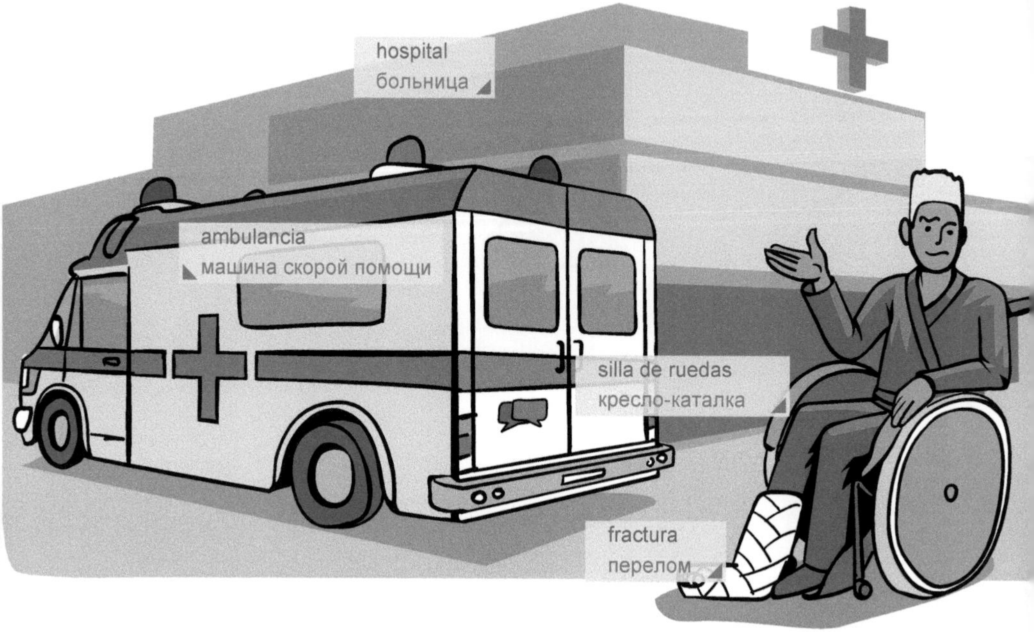

hospital
больница
ambulancia
машина скорой помощи
silla de ruedas
кресло-каталка
fractura
перелом

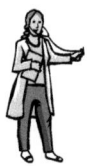

médico

врач

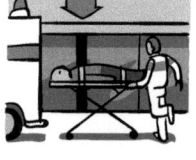

sala de guardia

пункт первой помощи

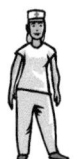

enfermera

медсестра

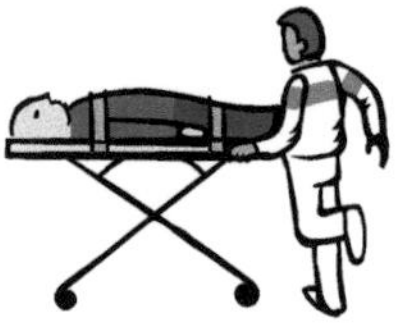

emergencia

неотложный случай

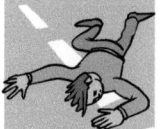

inconsciente

без сознания

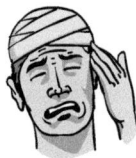

dolor

боль

lesión
....
повреждение

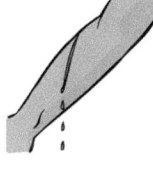

hemorragia
....
кровотечение

infarto
....
инфаркт

ACV
....
инсульт

alergia
....
аллергия

tos
....
кашель

fiebre
....
овышенная температура

gripe
....
грипп

diarrea
....
понос

dolor de cabeza
....
головная боль

cáncer
....
рак

diabetes
....
диабет

cirujano
....
хирург

bisturí
....
скальпель

operación
....
операция

TC
КТ

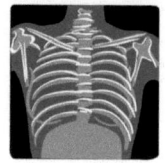

rayos x
рентген

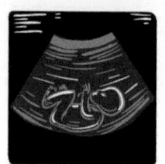

ecografía
ультразвук

barbijo
маска

enfermedad
болезнь

sala de espera
приёмная

muleta
костыль

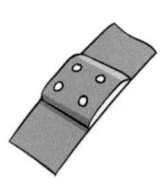

curita
пластырь

venda
бинт

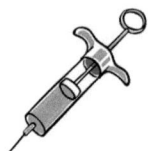

inyección
укол

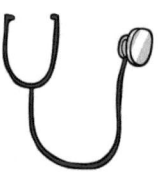

estetoscopio
стетоскоп

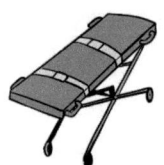

camilla
носилки

termómetro
термометр

nacimiento
рождение

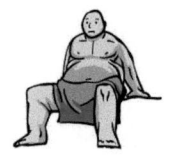

sobrepeso
избыточный вес

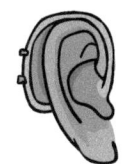

audífono

слуховой аппарат

desinfectante

дезинфекционное
средство

infección

инфекция

virus

вирус

VIH / SIDA

ВИЧ / СПИД

remedio

лекарство

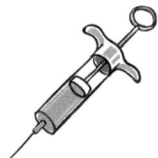

vacunación

прививка

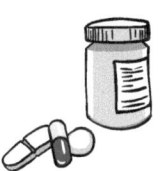

comprimidos

таблетки

pastilla anticonceptiva

противозачаточная
таблетка

llamada de emergencia

экстренный вызов

tensiómetro

прибор для измерения
кровяного давления

enfermo / sano

больной / здоровый

¡Ayuda!

Помогите!

alarma

сигнал тревоги

agresión

нападение

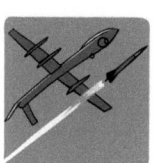

ataque

атака

peligro

опасность

salida de emergencia

запасной выход

¡Fuego!

Пожар!

matafuego

огнетушитель

accidente

несчастный случай

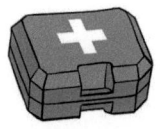

botiquín de primeros
auxilios

аптечка

SOS

SOS

policía

милиция

Europa

Европа

América del Norte

Северная Америка

América del Sur

Южная Америка

África

Африка

Asia

Азия

Australia

Австралия

Atlántico

Атлантический океан

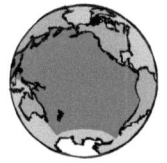

Pacífico

Тихий океан

Océano Índico

Индийский океан

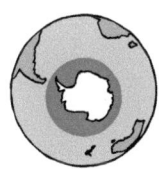

Océano Antártico

Антарктический океан

Océano Ártico

Северный Ледовитый океан

polo norte

Северный полюс

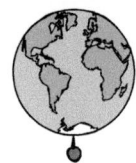

polo sur

Южный полюс

Antártida

Антарктика

Tierra

земля

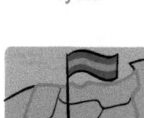

tierra

суша

mar

море

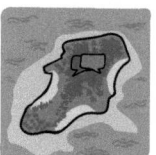

isla

остров

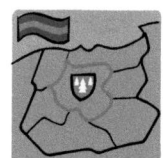

nación

нация

estado

государство

esfera

циферблат

manecilla de las horas

часовая стрелка

minutero

минутная стрелка

segundero

секундная стрелка

¿Qué hora es?

Который час?

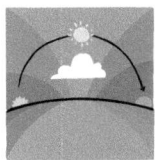

día

день

hora

время

ahora

сейчас

reloj digital

электронные часы

minuto

минута

hora

час

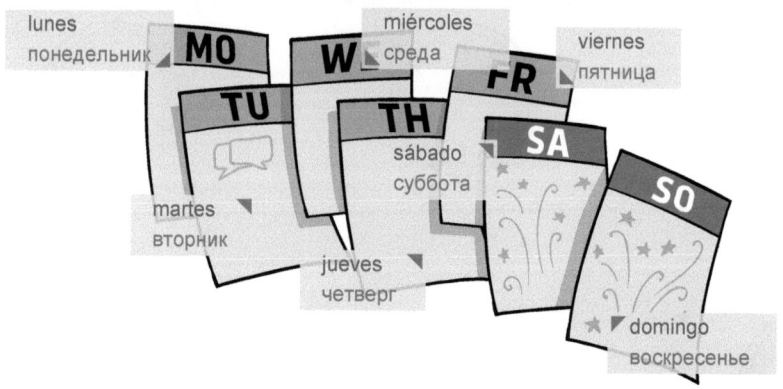

lunes / понедельник
MO

martes / вторник
TU

miércoles / среда
W

jueves / четверг
TH

viernes / пятница
FR

sábado / суббота
SA

domingo / воскресенье
SO

ayer
вчера

hoy
сегодня

mañana
завтра

mañana
утро

mediodía
полдень

tarde
вечер

MO	TU	WE	TH	FR	SA	SU
1	2	3	4	5	6	7
8	9	10	11	12	13	14
15	16	17	18	19	20	21
22	23	24	25	26	27	28
29	30	31	1	2	3	4

días hábiles
рабочие дни

MO	TU	WE	TH	FR	SA	SU
1	2	3	4	5	6	7
8	9	10	11	12	13	14
15	16	17	18	19	20	21
22	23	24	25	26	27	28
29	30	31	1	2	3	4

fin de semana
выходные

año

год

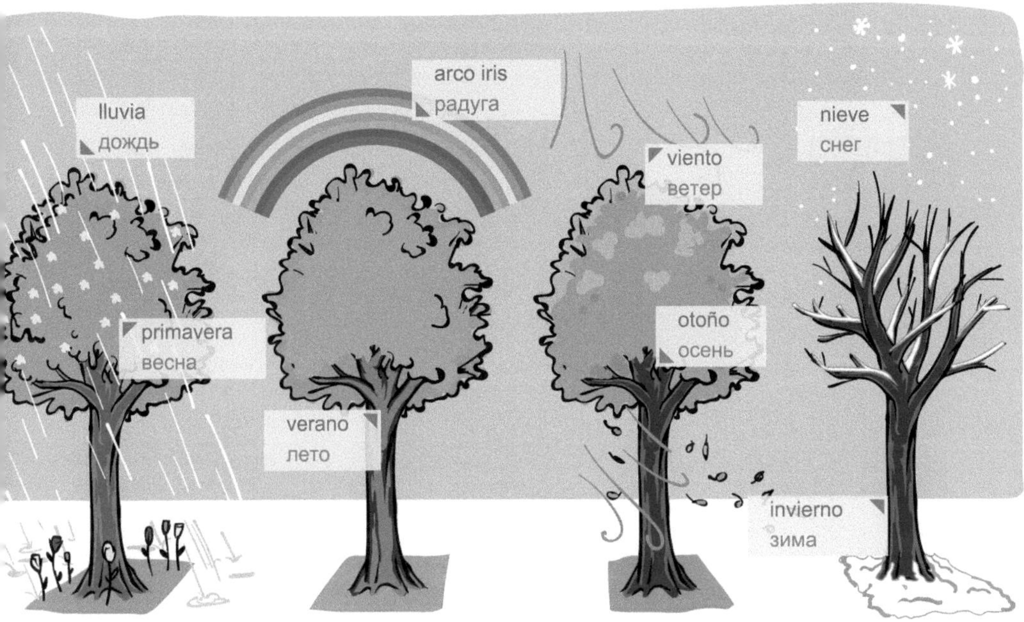

lluvia
дождь
arco iris
радуга
nieve
снег
viento
ветер
primavera
весна
otoño
осень
verano
лето
invierno
зима

4.APRIL 11°
5.APRIL 4°
6.APRIL 13°
7.APRIL 8°
8.APRIL 10°

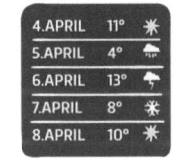

pronóstico meteorológico

прогноз погоды

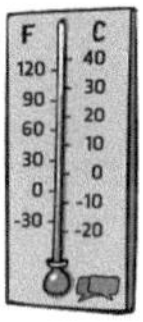

F C
120 90 60 30 0 -30
40 30 20 10 0 -10 -20

termómetro

термометр

luz del sol

солнечный свет

nube

туча

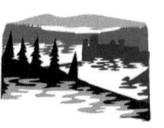

niebla

туман

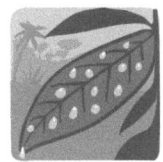

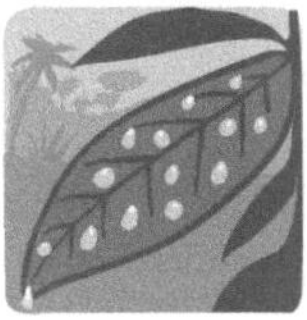

humedad

влажность воздуха

rayo

молния

trueno

гром

tormenta

буря

granizo

град

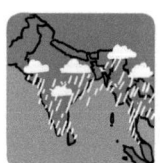

monzón

муссон

inundación

наводнение

hielo

лёд

enero

январь

febrero

февраль

marzo

март

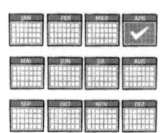

abril

апрель

mayo

май

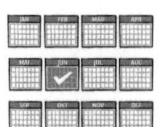

junio

июнь

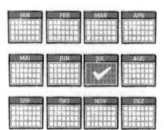

julio

июль

agosto

август

año - год

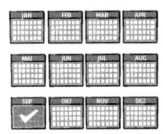

septiembre
....
сентябрь

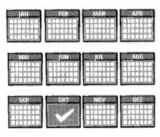

octubre
....
октябрь

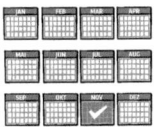

noviembre
....
ноябрь

diciembre
....
декабрь

formas

формы

círculo
....
круг

cuadrado
....
квадрат

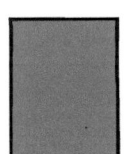

rectángulo
....
прямоугольник

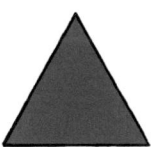

triángulo
....
треугольник

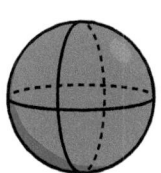

esfera
....
шар

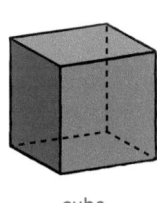

cubo
....
куб

blanco

белый

amarillo

желтый

naranja

оранжевый

rosa

розовый

rojo

красный

violeta

лиловый

azul

синий

verde

зелёный

marrón

коричневый

gris

серый

negro

черный

mucho / poco

много / мало

enojado / tranquilo

яростный / мирный

lindo / feo

красивый / уродливый

principio / fin

начало / конец

grande / chico

большой / маленький

claro / oscuro

светлый / темный

hermano / hermana

брат / сестра

limpio / sucio

чистый / грязный

completo / incompleto

полный / неполный

día / noche

день / ночь

muerto / vivo

мёртвый / живой

ancho / angosto

широкий / узкий

comestible / no comestible

съедобный / несъедобный

malo / amable

злой / дружелюбный

entusiasmado / aburrido

взволнованный /
скучающий

gordo / flaco

толстый / худой

primero / último

сначала / в конце

amigo / enemigo

друг / враг

lleno / vacío

полный / пустой

duro / blando

твёрдый / мягкий

pesado / liviano

тяжёлый / легкий

hambre / sed

голод / жажда

enfermo / sano

больной / здоровый

ilegal / legal

незаконный / законный

inteligente / estúpido

умный / глупый

izquierda / derecha

слева / справа

cerca / lejos

близко / далеко

nuevo / usado

новый / подержанный

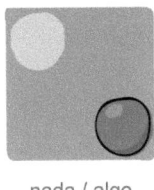

nada / algo

ничто / нечто

viejo / joven

старый / молодой

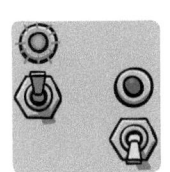

encendido / apagado

включено / выключено

abierto / cerrado

открыто / закрыто

silencioso / ruidoso

тихо / громко

rico / pobre

богатый / бедный

correcto / incorrecto

правильный /
неправильный

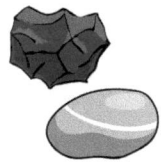

áspero / suave

шероховатый / гладкий

triste / contento

печальный / счастливый

corto / largo

короткий / длинный

lento / rápido

медленный / быстрый

mojado / seco

мокрый / сухой

caliente / frío

тёплый / прохладный

guerra / paz

война / мир

0

cero

ноль

1

uno

один

2

dos

два

3

tres

три

4

cuatro

четыре

5

cinco

пять

6

seis

шесть

7

siete

семь

8

ocho

восемь

9

nueve

девять

10

diez

десять

11

once

одиннадцать

12

doce

двенадцать

13

trece

тринадцать

14

catorce

четырнадцать

15

quince

пятнадцать

16

dieciséis

шестнадцать

17

diecisiete

семнадцать

18

dieciocho

восемнадцать

19

diecinueve

девятнадцать

20

veinte

двадцать

100

cien

сто

1.000

mil

тысяча

1.000.000

millón

миллион

inglés

английский

inglés americano

американский английский

chino mandarín

мандаринский китайский

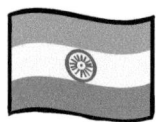

hindi

хинди

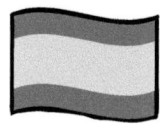

español

испанский

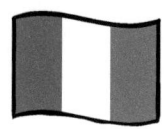

francés

французский

árabe

арабский

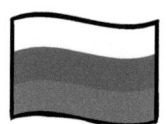

ruso

русский

portugués

португальский

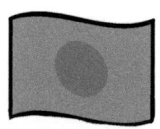

bengalí

бенгальский

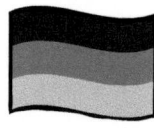

alemán

немецкий

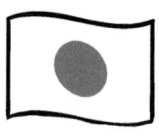

japonés

японский

yo

я

vos

ты

él / ella

он / она / оно

nosotros

мы

ustedes

вы

ellos

они

¿quién?

кто?

¿qué?

что?

¿cómo?

как?

¿dónde?

где?

¿cuándo?

когда?

nombre

имя

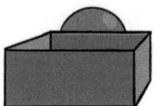

detrás

за

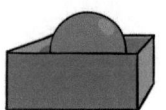

en

в

adelante de

перед

por encima de

над

sobre

на

debajo de

под

al lado de

рядом

entre

между

lugar

место